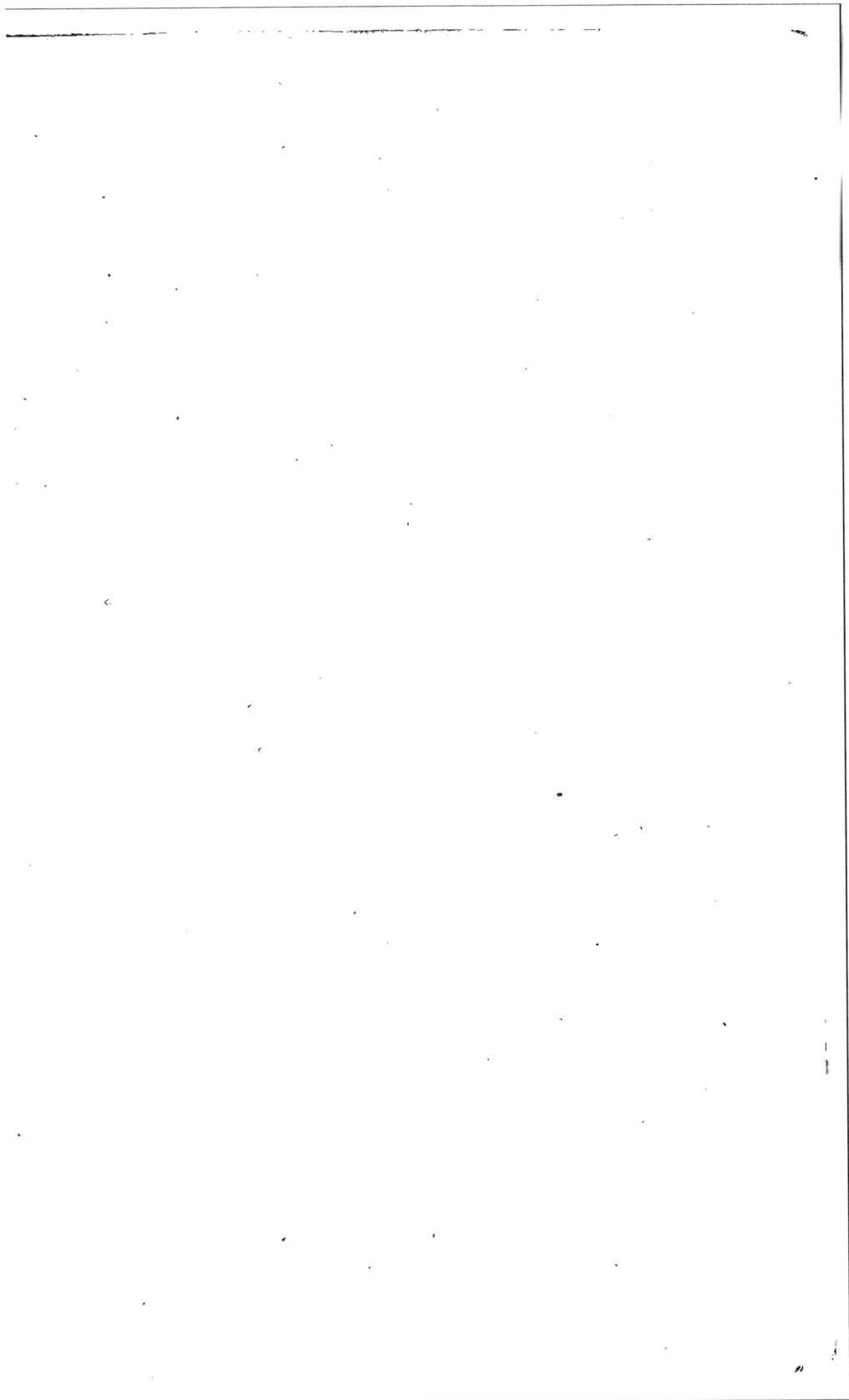

L b⁴ 368

LETTRE

A MONSIEUR

LE LIEUTENANT-GÉNÉRAL Bᵒⁿ BERTHEZÈNE,

Auteur de l'ouvrage intitulé :

DIX-HUIT MOIS A ALGER,

IMPRIMÉ A MONTPELLIER EN 1834.

LETTRE

A MONSIEUR

LE LIEUTENANT - GÉNÉRAL Bᵒⁿ BERTHEZÈNE.

Monsieur le Général,

Je n'ai pu me procurer votre ouvrage que depuis quelques jours. Il ne m'appartient point d'intervenir dans le débat qui s'est élevé entre vous et d'autres personnages que cet écrit a choqués. Ils ont bec et ongles et n'ont besoin du secours de personne pour se défendre. Il n'y aura que les morts qui ne diront rien. Vous ne m'épargnez guère non plus. Il faudra donc que je fasse entendre aussi ma voix. Mais avant de prendre cette résolution, je crois devoir vous adresser le journal des opérations de la division que j'ai commandée à l'armée expéditionnaire d'Afrique. Tout ce qu'il contient est basé sur des rapports officiels, ou sur des documens authentiques qui se trouvent entre mes mains. Si après l'avoir lu vous vous croyiez dans l'obligation de modifier les assertions peu bienveillantes que vous avez avancées sur mon compte, je garderai le silence, car je n'aime point à entretenir de moi le public. Les deux ou trois observations qui suivent pourront peut-être vous convaincre que vos commentaires n'ont été écrits ni

avec la noble simplicité de ceux de César, ni avec la sé-
vère impartialité des annales de Tacite.

(Page 82 de votre brochure.) Vos souvenirs vous
ont mal servi, général, puisque vous paraissez avoir oublié que le 19 juin, j'ai reçu, vers dix heures du matin,
l'ordre du général en chef, de m'établir avec une partie des troupes sous mes ordres dans les positions que
les quatre premiers bataillons des brigades Danremont
et Duzer (1er et 2e de la 2e division) venaient d'enlever
à l'ennemi, sur la rive gauche du ruisseau *el Bagrass*
(la brigade d'Arcine, 3e de la 2e division, avait été, dès
le 14 au soir, placée, de mon propre mouvement, vous
le savez, derrière votre gauche, qui était en l'air et fort
aventurée); et de garder avec le surplus de ma division
le camp qu'elle occupait, avant l'attaque de l'ennemi.
Lorsque, à onze heures du matin, *l'ordre du général en
chef* de marcher en avant avec la totalité de mes deux
premières brigades m'est parvenu, j'ai mis tant de rapi-
dité à l'exécuter, que quoique je fusse à pied, j'étais arrivé avec les 2es bataillons du 6e et du 49e de ligne, de
la brigade Danremont, sur la position que les deux 1ers
bataillons de ces régimens avaient prise en avant de la
droite de votre 1re brigade (Poret de Morvan), pendant
que vous y étiez encore, car *je vous y ai vu*, et si je n'ai
pas été vous parler, c'est parce que j'étais presque hors
d'haleine, et un peu aussi, je dois l'avouer, parce que
j'avais eu lieu de remarquer que vous traitiez avec su-
périorité tout le monde, et que vous vous plaisiez à agir
sans trop de façons non-seulement avec ceux qui n'a-
vaient aucun ordre à recevoir de vous, mais même avec
vos égaux.

Vous devez, du moins, vous rappeler que votre gauche était fort avancée, le 20e de ligne surtout, qui ne se

liait avec aucune autre troupe, et que l'extrême droite
de notre ligne, où était placée la brigade Duzer, se trouvait beaucoup plus rapprochée de la mer que votre centre (brigade Achard), et même que votre droite (brigade Poret de Morvan). Néanmoins vous avez pu remarquer que ma 2ᵉ brigade, malgré tous les obstacles
qu'elle eut à surmonter, et le long trajet qu'elle eut à
faire, avait déjà débordé le camp de Staoueli, au moment où vous y êtes entré avec votre centre. Cette por-
tion de votre division, après la retraite momentanée de
votre gauche, formait pointe en avant, et se trouvait
conséquemment plus près de l'ennemi, qui, au reste,
fuyait en désordre de tous côtés. Ainsi je n'ai point ralenti votre mouvement, au contraire, il a été puis-
samment secondé par la brigade d'Arcine, qui ac-
courut au secours de votre gauche, et lui ménagea la
facilité de prendre l'offensive.

D'un autre côté, les brigades Poret de Morvan et
Danremont, qui manœuvraient sous mes yeux, à la droite
de la brigade Achard, avaient tourné la batterie que
vous menaciez de front, et l'avaient dépassée, lorsque les
cris de triomphe de vos troupes se firent entendre,
quelques minutes après que cette batterie avait cessé de
tirer sur nous, parce qu'elle avait été abandonnée.

(Page 92.) Vous ne pouvez avoir totalement oublié
non plus, que le 28 juin, à la pointe du jour, j'étais
avec ma 3ᵉ brigade (d'Arcine) en avant et à droite de
la maison qui servit d'hôpital pendant le siége, lorsque
votre changement de direction à gauche commença.
Vous fîtes replier les voltigeurs du 28ᵉ de ligne qui se
liaient avec ceux du 21ᵉ, de la brigade d'Arcine, et cou-
vraient ma droite, sans daigner seulement me faire aver-
tir de votre marche rétrograde. Cette manière d'agir

faillit entraîner à votre suite la brigade Danremont, qui échelonnait en arrière et à gauche la brigade d'Arcine.

Enfin, lorsqu'un ordre absurde, il faut trancher le mot, vint me forcer de suivre votre division qui avait déjà atteint la partie la plus élevée du Libyar, et s'était arrêtée au pied des premières pentes du contrefort le plus méridional du Boujaréah, je vous ai prié, en arrivant avec la tête de ma colonne près de la queue de la vôtre, de me faire part des intentions ultérieures du général en chef, qu'on m'avait mal expliquées; mais la réponse que vous me fîtes n'ayant pas éclairé davantage mon insuffisance, vous devez vous rappeler que je vous ai annoncé, que jusqu'à ce qu'on m'eût envoyé de nouveaux ordres, je marcherais exactement sur vos traces, et que mes deux brigades occuperaient successivement les positions que quitteraient les deux que vous commandiez.

En effet la brigade Danremont s'établit derrière, ou pour mieux dire devant la brigade Clouet et fit face au sud ; tandis que la batterie Lami, d'artillerie de campagne, qui était sous mes ordres, se plaçait à gauche de ma 1re brigade, dirigeant le feu de ses pièces vers le sud-est, pour protéger la retraite de la brigade d'Arcine qui s'opérait de ce côté. Celle-ci et la batterie Lelièvre, d'artillerie de montagne, qui était aussi sous mes ordres, se replièrent par échelons et traversèrent lentement et dans le plus grand ordre, le terrain qui se trouve entre la position près du chemin des Romains, d'où l'on m'avait arraché si mal-à-propos, et celle qu'on venait de me faire prendre en arrière de votre division. Comment donc les Arabes qui venaient du sud-est à la suite de la brigade d'Arcine et n'avaient jamais pu s'ap-

procher de la brigade Danremont, qui, dans cette occasion, ne brûla pas une amorce, ont-ils attaqué la
brigade Clouet (3ᵉ de votre division) qui était formée
au pied du Boujaréah, faisait face au nord et se trouvait non-seulement plus éloignée de l'ennemi, mais encore enchassée, pour ainsi dire, entre votre 2ᵉ brigade
(Achard) qui la précédait, les brigades Bertier de Sau-
vigny et Hurel (1ʳᵉ et 2ᵉ de la 3ᵉ division) qui la flan-
quaient à droite, votre 1ʳᵉ brigade (Poret de Morvan),
qui ayant conservé sa position de la veille, en avant de
Del-Ibrahim, la couvrait à gauche, et mes deux brigades qui formaient l'arrière-garde, sans avoir préa-
lablement marché sur le ventre de quelque-une de
ces troupes rangées en cercle autour de la brigade Clouet,
où vous étiez de votre personne? C'est ce que je ne
puis pas comprendre, et ce que je vous prierais de vouloir bien m'expliquer?

Je ne sais si en publiant votre ouvrage, vous avez
voulu, ainsi que le prétend un de vos antagonistes,
ériger votre propre statue; mais il me semble, qu'après
avoir cité, avec un si merveilleux à-propos, l'acte
d'humanité de Gélon, vous ne pouvez, raisonnablement,
avoir formé le projet d'immoler des victimes inno-
centes devant le piédestal de ce monument consacré
à votre gloire ; car vous savez, monsieur le général,
qu'on tue les gens de plus d'une façon.

(Pages 215 à 225). Lorsque vous écriviez votre
brochure, vous n'ignoriez pas, général, que c'est moi
qui, dans un rapport officiel, ai dit le premier, que la
plaine de la Metidjah a été autrefois fertile et peu-
plée, que l'incurie des habitans et le despotisme des
Turcs l'ont fait tomber dans l'état misérable où elle est
maintenant, et qu'il ne serait pas impossible de rendre

cette immense étendue de terrain à son ancienne prospérité. Vous êtes libre, sans le moindre doute, d'adopter une autre opinion, mais il ne fallait pas, pour donner plus de crédit à vos paroles, insinuer comme vous le faites, que ceux qui ne pensent pas comme vous sont des ignorans ou des visionnaires. C'est blesser à-la-fois et les convenances et la logique. Il ne me serait pas difficile, à coupsûr, de prouver que tout ce que vous dites à ce sujet n'est qu'un tissu d'erreurs ; mais, je le répète, je n'aime pas la guerre de plume, à moins qu'on ne m'y entraîne, et vous conviendrez que, décemment, je ne puis pas tolérer qu'on me fasse passer pour un spéculateur ou pour un homme de mauvaise foi. Vous trouveriez dans la 86ᵉ livraison du *Spectateur militaire* un article qui pourrait éclairer votre religion, dans le cas où vous vous amuseriez quelquefois à jeter un coup-d'œil sur de pareilles babioles.

Et que dirai-je, monsieur le général, de la manière leste, pour ne rien dire de plus, dont vous me désignez, page 107 (1)? Hélas! je ne sais que trop que je suis *un homme*, et, comme tel, sujet à toutes les imperfections physiques et morales qui affligent la pauvre humanité. Mais je sais aussi que je suis lieutenant-général, que je n'ai que vingt-trois mois de grade moins que vous, et que si je ne puis faire valoir ni vos talens, ni aucun des autres avantages qui vous distinguent, je ne cède à personne, ni par l'attachement aux intérêts de mon pays, ni par la fidélité à remplir les devoirs de mon état. Je

(1) « Enfin le trésor de l'aga lui fut conservé par un homme contre lequel beaucoup de clameurs s'élevèrent alors. » (Berthezène, *Dix-huit mois à Alger*, première partie, chap. IV.)

puis m'appliquer l'humble qualification que vous me donnez, et que, d'ordinaire, on s'épargne entre gens bien élevés, lorsque je m'abaisse devant Dieu ou que je scrute ma conscience; mais ce droit, je le réserve pour moi seul, et, assurément, je ne souffrirai pas que qui que ce soit se l'arroge aussi cavalièrement que vous le faites.

Et à cette occasion, je prendrai la liberté de demander à ce même personnage, qui a l'air de faire, en 1834, une réparation tardive, et de si mauvaise grâce, qu'on est, en vérité, tenté de la prendre pour une nouvelle injure; je lui demanderai, dis-je, s'il n'a pas eu lui-même de reproches à se faire, tant pour la facilité avec laquelle il a accueilli, propagé peut-être, ces clameurs intéressées à Alger, que pour les propos, au moins hasardés, qu'il a tenus à Paris, contre ce même homme dont il daigne, aujourd'hui, laisser transpirer l'innocence. Les observations que le général D.... lui a faites, en août 1830, dans la première de ces deux villes; la réponse qu'il s'est attirée, dans la seconde, de la part du général P...., lorsque, pour rétablir sa santé qui l'avait forcé de quitter l'Afrique, il sollicitait au ministère de la guerre le commandement du corps d'occupation, ne peuvent pas être entièrement effacées de son souvenir.

L'ambition, on le conçoit encore, surtout par le temps qui court, a pu déterminer quelques hommes, habituellement honnêtes, à devenir les alliés et les échos des cosaques qui obstruaient les avenues du prétoire de la Cassaubah, où vous aviez, monsieur le général, vos grandes et vos petites entrées : elle est si aveugle, si peu scrupuleuse, cette insatiable ambition !

Mais aujourd'hui que, par suite de vos glorieux exploits devant Alger, des services éminens que vous avez rendus plus tard en Afrique, vous êtes déjà grand'croix de la légion d'honneur, pair de France, que sais-je encore; que revenu de votre gouvernement, parce que vous l'avez désiré, sans doute, vous vous reposez sur vos lauriers, qu'il ne vous manque pour atteindre au faîte des grandeurs, que de compter parmi les maréchaux de France, et vous l'obtiendrez bientôt, je n'en doute nullement; mais aujourd'hui, dis-je, qu'aucun calcul raisonnable d'ambition, de vanité même ne peut voiler votre jugement, qu'aucun reste de cette soif de *faveurs et de grâces* qui vous tourmentait depuis Toulon, ne doit plus dessécher votre cœur; qu'en 1834, enfin, vous persistiez à vous acharner contre un vieux soldat, je n'ose pas dire un camarade, contre un homme d'honneur, dont vous reconnaissez enfin, n'importe la forme, l'intégrité, et qui sans prétentions, vit dans la retraite la plus absolue, c'est un travers que je ne saurais expliquer, et que personne ne pourra pardonner.

Je vous connaissais à peine, général, lorsque nous partîmes pour l'expédition d'Afrique, et pendant le séjour que j'ai fait dans ce pays, j'ai rarement joui de votre société. Il me serait donc impossible de deviner en quoi j'ai pu vous offenser. Si j'avais quelque tort envers vous, assurément, ce ne pourrait être qu'un tort involontaire : mais encore faites-le moi connaître, et s'il est réel, je l'avouerai, tout en cherchant à le réparer; mais n'allez pas croire, monsieur le général, qu'en vous tenant ce langage, qui est dans mon cœur comme dans mes habitudes, je veuille solliciter grâce devant vous. Non ! vous vous tromperiez encore une fois, et aussi complètement que la première.

J'ai l'honneur de vous déclarer nettement que je ne

cours après la protection de personne, tout en desirant me concilier l'assentiment de mes camarades, surtout de ceux que j'estime. Mais pour en finir, monsieur le général, sachez que, quelle que soit ou puisse devenir ma position, je porterai toujours la tête haute, parce que j'ai la conscience pure et le cœur bien placé, et que tant que je vivrai, je conserverai autant de sincérité et d'élévation dans le caractère, que d'autres, plus habiles et par conséquent plus heureux, manifestent tour-à-tour de hauteur et de souplesse.

J'ai l'honneur d'être, etc.

Le lieutenant-général

Comte LOVERDO.

Paris, le 11 juillet 1834.

IMPRIMÉ CHEZ PAUL RENOUARD,

RUE GARANCIÈRE N. 5.

SECONDE LETTRE

DU

LIEUTENANT - GÉNÉRAL Cᵀᴱ LOVERDO

A MONSIEUR

LE Lᵗ-Gᵃˡ BARON BERTHEZÈNE.

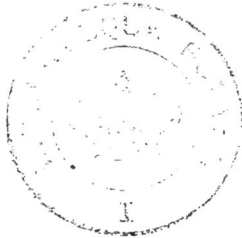

RÉPONSE

DE MONSIEUR

Le lieutenant-général Bᵒⁿ BERTHEZÈNE

A la lettre que M. le lieutenant-général Loverdo
lui a adressée le 11 juillet 1834.

———

Montpellier, le 24 août 1834.

MONSIEUR LE GÉNÉRAL,

« Je n'ai reçu que hier, 23 août, votre lettre du 11
juillet, à laquelle était joint le journal des opérations
de votre division en Afrique. A sa lecture, mon étonnement a été grand, je l'avoue, et deux fois je l'ai relue
pour m'assurer que mes yeux ne me trompaient pas. Il
me semblait impossible qu'aucun membre de l'armée
expéditionnaire pût se plaindre de mes récits; j'étais
persuadé, et je le suis encore, qu'en plusieurs cas, j'y
étais plus modéré que ne le comporte, peut-être, une
justice rigoureuse. Pour ce qui vous regarde, loin d'être
traité, dans mon livre, comme un mauvais officier, un
mauvais soldat, un insubordonné, ainsi qu'il vous plaît
de le supposer, je défie tout lecteur, non prévenu, d'y
trouver un mot, une allusion, qui puisse être désobli-
geante pour vous. Passons à vos griefs.

«Votre 3e brigade, commandée par le général Darcine, fut placée, dès le débarquement, par ordre de M. de Bourmont, dans la plaine pour servir de réserve et couvrir la gauche, je l'ai dit. J'ai dit aussi la part active qu'elle prit aux opérations de la 1re division, le 19, sans oublier la brigade d'Uzer, ni celle Danremont.

«J'ai dit ensuite que le mouvement ordonné par M. de Bourmont était long de sa nature, car on pivotait sur la gauche, et que quelque malentendu l'avait rendu encore plus lent. J'aurais pu ajouter, sans trahir la vérité, qu'on rendit compte à M. de Bourmont, en présence de tout son état-major et du général Lahitte, que vous aviez refusé d'obéir à l'ordre que vous avait adressé M. le général Desprez, et qu'au second ordre que vous envoya M. de Bourmont, vous aviez répondu que vous commenceriez votre mouvement lorsque vous auriez pris votre chocolat. Mais ce sont choses que je n'écrirai jamais de gaîté de cœur sans y être provoqué par des attaques injustes.

«Enfin j'ai dit (toujours pour la même journée) que ce mouvement avait été ralenti par des mesures de précaution que vous aviez cru devoir prendre; et, certes, ceci n'est ni blâme, ni reproche, c'est, au contraire, un hommage à votre prudence.

«Du reste, monsieur le général, j'invoque vos souvenirs; et vous vous rappellerez que, le 20 au matin, lorsque je vins dans votre tente, vous me dites ces propres mots: *Votre ligne était mince, et j'ai cru devoir prendre position pour vous servir de réserve au besoin.*

«Passons au 29. J'ai dit que votre division était destinée à soutenir la division d'Escars; j'ai ajouté que ne s'étant pas trouvée au point désigné, la 1re avait dû passer de la droite à la gauche, et le fait est incontestable, puisque la brigade Achard prit position sur le Boujaréah. Mais ai-je blâmé ce retard? non. L'ai-je imputé à mauvaise volonté? non. Qui ne sait qu'à l'armée mille circonstances imprévues peuvent retarder la marche d'un corps de troupes? et j'ai si peu voulu blâmer que j'ajoute, en parlant de la brigade Clouet, *la division Loverdo l'y avait déjà rejointe;* ce qui annonce un mouvement presque instantané.

«Vous me dites que vous aviez déjà dépassé la position, je le crois; mais je l'ignorais et ne pouvais le savoir qu'après vous l'avoir entendu dire. Vous ajoutez que la brigade Clouet était couverte par une de vos brigades, cela peut être encore, mais comment pouvais-je le savoir? Le général Clouet, secondant le zèle d'un des aides-de-camp de M. de Bourmont, s'était lancé, sans mon ordre, sur la route du fort de l'Empereur; et ce mouvement fut cause que lorsque je reçus l'ordre d'appuyer le général d'Escars, je dus faire marcher le général Achard et intervertir ainsi mon ordre de bataille. Dans cette course, le général Clouet ne vous ayant pas vu, pouvais-je le deviner? J'ai donc dû dire que j'avais laissé la brigade Clouet pour s'opposer aux entreprises de l'ennemi et j'ai dû ajouter, pour être juste envers les troupes, qu'elles avaient eu affaire à lui, puisque quelques compagnies de voltigeurs furent engagées, ce qui n'exclut en rien la coopération de vos troupes; au contraire, elle résulte même de la contexture de mes récits. Du reste, vous savez bien que je n'étais pas alors sur ce point.

« J'ignore quels sont les ordres que le général T..... vous donna ce jour-là; quels qu'ils puissent être, il sera difficile à ceux qui connaissent ce général de supposer qu'ils fussent *absurdes.* Mais vous vous rappellerez bien que m'ayant trouvé encore à la brigade Clouet, lorsque vous arrivâtes sur ce point du Lybiar, vous me priâtes de dire au général en chef que vous vous y étiez établi d'après mes ordres ; à quoi je répondis que je n'avais pas d'ordres à vous donner, mais que je lui dirais que nous nous étions concertés à cet égard. Comment, dans tout cela, pouvez-vous trouver des dispositions mal-veillantes ? Si j'avais voulu mal parler de vous, n'aurais-je point dit que le général en chef ne trouva sur la route du fort de l'Empereur, lorsqu'il s'y porta, qu'un seul bataillon de votre division ; et qu'il fit chercher long-temps et en vain le reste de vos troupes par votre propre chef d'état-major ? Vous n'ignorez sûrement pas que souvent on l'entendit se plaindre du danger auquel il avait été exposé dans cette occasion. Je ne vous en fais l'observation que pour vous prouver combien était loin de moi, en écrivant, l'idée de vous nuire.

« Je me demande comment il est possible que vous ayez pris pour vous ma discussion sur la Mitidjah, car j'ignore entièrement ce que vous avez écrit à cet égard ; mon intention est bien évidente, je n'ai voulu que détruire les allégations mensongères sur son état présent, et, certes, personne n'a plus le droit d'en parler que moi. Dans tous les cas, je crois que cette discussion est écrite en des termes qui ne sauraient blesser personne.

« Mais ce qui me surprend au-dessus de tout, c'est que vous vous plaignez de ce que je dis, sans vous nommer, à la page 107.

« Vous n'avez pas oublié tout ce qu'on a dit à Alger contre vous. Beaucoup de personnes peut-être l'ont cru. Eh bien ! j'ai trouvé l'occasion de donner un démenti éclatant à ces bruits injurieux et je me suis trouvé heu-reux de pouvoir le faire. Dès-lors comment me chicanez-vous sur le mot *homme* ? Je vous déclare que, dans mon

opinion et dans le sens que j'y attache, il n'en est pas
de plus honorable. Au surplus, si jamais, ce qui vrai-
semblablement n'aura pas lieu, je réimprimais mon opus-
cule, j'y mettrais et votre nom et votre grade, en indi-
quant, toutefois, que c'est sur votre réclamation.

« *Je ne tiens d'étranges propos* à personne, ni contre
personne; ainsi je ne sais ce que vous a dit M. le général
P.... Sans me rappeler exactement des discours vagues
qui datent de si loin, je sais fort bien que, m'ayant demandé un jour chez le ministre de la guerre, ce que vous
faisiez à Alger, je lui répondis; *J'ai à m'en plaindre, ne
m'en parlez pas.* Un autre jour, l'ayant rencontré dans
la rue de l'Université, je crois, il me parla encore de
vous, et il se peut, je n'en sais rien, que je lui aie répété
une partie des accusations dont vous étiez l'objet, mais
bien certainement sans en affirmer aucune, car je n'affirme que ce dont je suis sûr; en effet, si, comme c'est
possible, je lui avais dit qu'au quartier général on vous
accusait de n'avoir pas fourni des travailleurs pour le
siège à l'heure donnée, comment aurais-je pu l'assurer?

« Je termine par ma statue et mon piédestal. Ceux qui
lisent mon ouvrage sans prévention peuvent y trouver
des matériaux pour la statue d'un autre, mais assurément pas pour la mienne. Dans tous les cas, je ne serai
jamais riche aux dépens d'autrui.

« *Quant à ma hauteur,* je vous demanderai si j'étais
entaché de ce vice à vos yeux, lorsque, le 20 au matin,
je vins vous trouver dans votre tente, bien que le plus
ancien et commandant le camp en l'absence de M. de
Bourmont? Me trouviez-vous si hautain, le 29, sur le
Lybiar, lorsque vous me demandiez des ordres et que
je m'abstins de vous en donner?

« Voilà, monsieur le général, les explications que j'ai

cru devoir vous donner. Je desire qu'elles vous satis-
fassent, car elles sont franches et loyales comme toute
ma vie. Dans le cas contraire, vous êtes libre et maître
de faire ce que vous voudrez. Il n'est ni dans mes goûts,
ni dans mes principes d'entreprendre de polémique personnelle; si vous le faisiez, je ne vous suivrais pas dans
cette voie, et l'impression de ma lettre serait ma seule
réponse.

« J'ai l'honneur d'être, monsieur le général, votre très
humble et très obéissant serviteur,

Le lieutenant général,

« *Signé* baron BERTHÉZÈNE. »

REFUTATION

DE LA LETTRE QUI PRÉCÈDE.

A M. le lieutenant-général baron Berthezène.

Paris, le 17 septembre.

MONSIEUR LE GÉNÉRAL,

Je n'aurais pas différé un instant de repousser avec le sentiment qu'elles font naître, les allégations que vous avez consignées dans votre lettre du 24 août dernier; si je n'eusse dû attendre les deux déclarations dont il sera bientôt question.

Je vais maintenant réfuter paragraphe par paragraphe l'épître dont vous m'avez honoré.

§ 1er.

Vous me dites, général, qu'à la lecture de ma lettre du 11 juillet, votre étonnement a été grand; j'avouerai, à mon tour, que la lecture de votre réponse a produit sur moi une impression de surprise mêlée d'affliction, car on doit déplorer que des hommes graves, ou qui sont censés l'être, s'abaissent au point de se mettre à la suite des sauteurs de la *camarilla* de M. de Bourmont.

§ 2 et 3.

Vous passez ensuite à ce que vous appelez mes griefs.

Je consens très volontiers que vous persistiez « à placer
« sans façons, comme le dit votre annotateur, M. le
« lieutenant-général Delort, *la bataille de Staouéli*, en
« fleuron de votre couronne ; » il importe fort peu aussi
que la brigade d'Arcine ait été établie derrière votre
gauche, qui, d'après vos propres expressions (page 80
de votre ouvrage), *était en l'air*, par ordre de
M. de Bourmont ou de mon propre mouvement;
vous eussiez même omis de faire mention des brigades
Danremont et d'Uzer, qui, dites-vous (page 72), *vin-
rent se placer en ligne à la droite de la 1re division*, que
cela n'aurait rien fait à la chose. Mais ce qui n'est pas
indifférent, ce sont les prétendus *malentendus*, les *précautions*, que l'on pourrait croire, en lisant vos commentaires, surabondantes, et n'ayant servi qu'à ralentir
votre marche victorieuse contre les Turcs. Je devais
donc combattre ces insinuations malveillantes et c'est ce
que j'ai fait.

§ 4.

Quoiqu'il y ait des imputations dont le ridicule dis-
pense de l'obligation de les combattre, je veux bien
m'arrêter un instant sur celle qu'il vous a plu d'avancer
dans ce paragraphe.

Le général Desprez connaissait trop les attributions
et les devoirs de son emploi de chef d'état-major pour
se permettre d'envoyer, en son propre nom, des ordres
à un lieutenant-général plus ancien que lui. Effaçons
donc la première partie de votre historiette, à moins
que vous n'ayez l'intention de déverser aussi le blâme
sur un officier-général qui a cessé de vivre. Le premier
officier, appartenant au quartier général de l'armée
qui vint, le 19 juin vers 10 heures du matin, à la 2e divi-

sion, ce fut M. Maumert, aide-de-camp de M. le général
Desprez. Il me porta l'ordre *du général en chef*, d'appuyer votre mouvement offensif avec une seule brigade,
et la brigade Danremont ne tarda pas une minute à se
porter en avant. Une demi-heure après, M. de Noël,
lieutenant aide-major, attaché au service de l'artillerie,
fut dépêché vers moi, toujours par le général en chef,
pour me dire de marcher avec tout ce dont je pouvais
disposer à l'extrême droite, et la brigade d'Uzer s'ébranla
sur-le champ. J'affirme *sur l'honneur*, que dans la matinée du 19 juin, aucun autre officier du quartier général ne parut à la 2ᵉ division. MM. Maumet et de Noël
vous apprendront (Pièces A), si je leur ai tenu le propos
étrange que vous me prêtez avec une aussi bienveillante
générosité. Ainsi, résignez-vous, général, à voir classer
votre anecdote du *chocolat*, avec celle des *autruches
plumées* de M. Merle, secrétaire particulier, et celle des
soldats assommés de M. Bartillat, commandant le quartier général de M. de Bourmont.

Vous ajoutez, il est vrai, que *ce sont des choses que
vous n'écrirez jamais de gaîté de cœur*. Je ne demanderai
jamais grâce, pas même auprès de ceux qui me veulent
du bien. Ainsi, à votre seconde édition, publiez librement
et sans réticences, si vous le pouvez, tout ce qui vous
passera par la tête, tout ce que vous avez dans le cœur.
Ceux qui vous liront, hausseront les épaules, et vous
fournirez au général Delort un motif de plus de regret-
ter que le mot *commère* ne soit pas des deux genres.
Du reste il serait possible, général, que je vous épar-
gnasse ce soin.

§ 5.

Vous me fîtes l'honneur insigne, il est vrai, de venir

le 20 dans ma tente, mais vous omettez de dire que ce
ne fut qu'après que je vous eus informé que l'ennemi
faisait des démonstrations contre ma droite, où j'avais
cru devoir me rendre pour en bien juger. Lorsque je vous
vis, je vous ai dit que je ne présumais pas que les Arabes
eussent des projets bien sérieux, que les quatre compagnies de voltigeurs du 15e et du 48e que j'y avais placées
en observation, suffiraient probablement pour les main-
tenir ; mais que si, contre toute attente, ils prenaient
le parti de nous attaquer avant que le général en chef
fût arrivé sur le terrain, vous pouviez disposer de six
brigades ; car, ajoutai-je, ce sera avec plaisir et avec zèle
que j'exécuterai vos ordres. La phrase que vous m'at-
tribuez fournit une nouvelle preuve qu'à Sidi-Ferruch,
à Staouéli, comme au pied du Bujaréah, j'en ai toujours
agi à votre égard en bon voisin, en bon camarade, en
homme enfin qui desirait bien vivre avec vous. Cette
phrase tendrait aussi à prouver que ce fut de mon seul
mouvement que la brigade d'Arcine fut placée en réserve derrière votre gauche, car les deux autres, vous
le dites vous-même, étaient en ligne à votre droite.

§ 6, 7 et 8.

Permettez-moi de vous dire, général, que votre ré-
cit de la journée du 29 juin est obscur, tronqué et
inexact. En effet, vous annoncez que les deux brigades
de la 3e division durent remonter l'*Oued-el-Call* jusqu'à
sa naissance, et tourner la droite de l'ennemi ; que les
deux brigades de la 2e devaient *appuyer ce mouvement*,
et se porter sur le centre de la position en suivant la
route de Staouéli à Alger (la conformation du terrain
exclut l'une ou l'autre de ces combinaisons), en passant
sur le pont de *Aïn-Sémur;* qu'enfin, deux brigades de

la 1ʳᵉ division étaient chargées d'attaquer la droite de l'ennemi, en passant par *Aïn - Mahmoud*, en aval de *Aïn - Semur*, tandis que la 3ᵉ brigade de cette division, servant de réserve, devait couvrir cette opération contre les tentatives de l'ennemi, et protéger les malades ainsi que le parc d'artillerie.

J'ignore si l'état-major-général vous a transmis des ordres par écrit, le 28 ou le 29 matin; pour mon compte, je puis affirmer que je ne connaissais que les dispositions que le général en chef avait arrêtées, le 28 à 9 heures du matin, et que j'avais écrites au crayon, sous sa dictée. Mais ces dispositions ayant été changées le soir, M. Maumet conduisit mes deux brigades presque en face du pont d'*Aïn Sémur*, où elles furent entassées, ainsi que deux batteries d'artillerie qui marchaient avec elles, sans que je susse à quoi tout cela était destiné. Si vous eussiez daigné parcourir le journal de la 2ᵉ division que j'ai pris la liberté de vous envoyer, vous y eussiez vu que cet officier revint auprès de moi le lendemain à 3 heures du matin, ainsi que je l'en avais prié, mais qu'il n'était porteur d'aucun ordre ni verbal ni par écrit. Je marchais donc droit devant moi; mais ayant rencontré le général en chef près du pont que mes troupes traversaient, il m'apprit que je devais manœuvrer entre votre division et celle du duc d'Escars, m'emparer des hauteurs que j'avais en face, de l'autre côté du ruisseau, m'établir sur le point qui me paraîtrait être le plus culminant, et y attendre de nouveaux ordres. Ce n'est que près de la maison où fut établi l'hôpital général pendant le siège, que je cessai de monter et je m'y arrêtai à droite du chemin romain. Au petit point du jour, je vis votre 3ᵉ brigade à ma droite; les voltigeurs du 28ᵉ atteignaient la pente occidentale de la

hauteur au sommet de laquelle se trouve la maison que
M. le général Hurel a occupée le 1er juillet suivant, lorsque le mouvement rétrograde de la brigade Clouet commença. Je présume que ce fut par suite d'un ordre que
vous a porté M. de Saint-Chamans, officier d'ordonnance
du général en chef, qui en avait transmis un pareil à la
brigade Danremont qu'il avait prise pour une des vôtres.
Un ordre contraire, envoyé à temps par le général en
chef lui-même, ayant fait reprendre à cette brigade sa
première direction, elle rejoignit la brigade d'Arcine,
avec laquelle je marchais, et s'établit en arrière de la maison de l'hôpital général, à gauche du chemin romain.
C'est de cette position que j'ai été tiré, une heure après,
en vertu d'un ordre verbal conçu dans les termes su -
vans, que j'ai écrits au crayon sur mon *Agenda*, sous
la dictée de celui qui en était porteur : *Opérer ma re -
traite; suivre le mouvement de la division Berthezène, et
me porter sur la position où cette division s'est formée.* Je
me suis alors replié, par échelons, sur vous. C'est donc
sans fondement, que vous avez avancé, que la 2e division n'était pas encore parvenue au poste qui lui avait
été assigné, lorsque la 1re reçut, à *Byr-el-Olga*, l'ordre
de changer de direction à gauche pour soutenir la 3e
qui se portait vers le Boujaréah.

Je sais que c'est bien difficile, pour celui qui ne commande pas en chef une armée, d'indiquer avec clarté les
mouvemens des différens corps qui la composent, d'en
préciser le but, et de faire aux officiers qui conduisent
les troupes la part d'éloges ou de blâme qui leur est due.
Aussi, personne n'aurait rien eu à dire, si vous vous
fussiez borné, comme ont fait les autres, à publier le
journal des opérations de votre division. Les faits que
vous y eussiez relatés, auraient trouvé leur place dans

l'historique de l'expédition ; ils auraient rectifié ce que les autres auraient pu dire de partial ou d'exagéré, et vous eussiez rendu service et à l'art militaire et à l'histoire contemporaine. Mais vous avez, comme vous le dit le général Delort, *hissé votre pavillon*, *et voulu professer en écrivant*. Dès-lors, vous ne devez pas trouver mauvais que ceux que vous avez censurés légèrement se défendent avec chaleur.

Il me serait impossible de juger du mérite de votre *chassé-croisé*. Comme je ne trouve dans l'ordonnance de l'infanterie, aucune manœuvre qui soit ainsi intitulée, je ne puis juger si les moyens qu'on a pris pour l'exécuter sont plausibles ou non. Et moi aussi, général, je savais qu'on avait pris le brouillard épais qui couvrait la plaine de la Métidjah pour la rade d'Alger, mais je me suis abstenu d'en parler dans un ouvrage livré à l'impression. Vous avez appelé *bévue* cette erreur ; pourquoi donc vous étonnez-vous que j'aie qualifié d'*absurde* un ordre qui a tiré les troupes, malgré leurs chefs, de la direction qu'elles devaient suivre, et qui les a exposées plus tard à des fatigues extrêmes, lorsqu'il a fallu la reprendre ?

Je me rappelle fort bien ce que je vous ai dit, au moment où je vous ai rejoint au pied du Boujaréah, car j'ai l'habitude d'écrire, heure par heure, sur mon *agenda* tout ce qui se passe autour de moi, et surtout où je commande. Ne sachant pas ce que je devais faire, je vous priai de me communiquer les ordres que vous aviez reçus du général en chef. Vous m'annonçâtes, dans des termes vagues, que vous étiez destiné à appuyer le mouvement de la 3ᵉ division. En ce cas, vous ai-je répondu, je marcherai sur vos traces, et comme vous êtes mon ancien, j'exécuterai les ordres que vous me donnerez. Il n'y a là

rien que de fort naturel, et ma réponse ne prouve autre
chose sinon que je faisais beaucoup de cas de votre ex-
périence militaire, et que loin de jalouser votre gloire,
j'aurais volontiers contribué à la rehausser.

Le bataillon du 49ᵉ de ligne que le général en chef a
trouvé sur la route d'Alger, avait ordre de garder la batterie Lami, d'artillerie de campagne, qui ne pouvait pas
suivre mes deux brigades à travers les ravins escarpés et
couverts de broussailles et de haies impénétrables où on
les avait précipitées. Le journal que j'ai eu l'attention de
vous offrir fait connaître ce que cette troupe avait ordre
de faire. Mais vous préférez les cancans des oisifs du
quartier général, aux rapports officiels de vos égaux.
Chacun a son goût, et je sais que *de gustibus non est
disputandum*. Passez-moi, je vous prie, ce petit bout de
latin. On n'a pas pu chercher long temps ma division,
car on la voyait serpenter péniblement le long des pentes
à pic et à travers les rochers qui se trouvent entre le
fort de l'Empereur et la *Vigie* du Boujaréah. En effet,
vers une heure de l'après-midi, M. P......, officier
supérieur de l'état-major-général, me transmit, en criant
de toutes ses forces, du haut de la terrasse de la maison où le 29ᵉ de ligne appuya sa gauche pendant le
siège, et qui se trouve placée sur le penchant de la berge
droite de la branche méridionale du ruisseau qui se
jette dans la mer entre la porte Bab-el-Oued et le Jardin-
du-Dey, me transmit, dis-je, en criant, l'ordre d'envoyer des troupes au consulat d'Espagne, qui venait
enfin, ainsi que celui des Pays-Bas, de déployer son
pavillon. J'arrêtai de suite mon mouvement, je ralliai
une partie de mes troupes sur le petit contrefort qui
sépare les deux affluens du ruisseau dont je viens de
parler, j'envoyai des officiers pour faire rétrograder

celles qui gravissaient déjà la berge septentrionale de ce même ruisseau, et aussitôt que je fus assuré que mes ordres étaient parvenus aux commandans des brigades, je me rendis avec tout ce que j'avais sous la main de troupes d'artillerie, du génie et d'infanterie, près du consulat d'Espagne. Le chef-d'état-major, et le sous-intendant militaire de la 2ᵉ division, étaient restés avec 150 hommes du 21ᵉ devant la maison placée au sud de la redoute qu'éleva le 14ᵉ, après la chute d'Alger, avec la mission de défendre et de faire évacuer sur votre 1ʳᵉ brigade, mes blessés, que j'avais été obligé de déposer dans cette maison. Je vous en ai même écrit, et mon chef d'état-major me remit, à deux heures de l'après-midi, le reçu que vous aviez délivré de ma lettre. Ainsi le colonel J....., qui avait eu connaissance du second ordre qui me fut donné de la part du général en chef, vers 7 heures du matin, ne pouvait pas répondre qu'il ne savait pas où j'étais. Ce second ordre était ainsi conçu : *Redescendre à la position où nous étions à 5 heures ; manœuvrer à gauche des maisons qu'occupaient nos voltigeurs* (ce sont celles où s'établirent, durant le siège, l'artillerie et le génie); *prendre direction sur l'arbre qui se trouve au-dessus du fort de l'Empereur* (on nous l'indiqua); *s'établir sur ce point, en tenant les troupes à l'abri du feu du fort.* C'était une seconde *bévue*, je le voyais bien, aussi ne voulant pas m'exposer à des reproches, qui, tout injustes qu'ils eussent été, auraient pu servir de prétexte à la malveillance à laquelle j'étais en butte ; j'exigeai que M. B......, aide-de-camp du général T......, traçât, en ma présence, un croquis du pays environnant, ainsi que de la direction que mes deux brigades devaient suivre tant pour redescendre à leur première position, que pour arriver ensuite à l'arbre apparent qu'on prétendait se trouver immédiatement au-dessus du fort de l'Empereur. Le 29 au soir, je joignis un calque de ce croquis au rapport que je fis de ma marche au général en chef, et je suis tout disposé à vous en envoyer un second, si cela pouvait vous intéresser. (*Voyez à la fin.*)

Que le général en chef se soit plaint de n'avoir trouvé sur la route de Sidi-Kalef à Alger qu'un seul bataillon, c'est possible. Mais ou l'ordre qui avait arraché de ce chemin mes deux brigades partait de lui, et, en ce cas, il ne pouvait pas en ignorer le motif; ou cet ordre avait été donné par d'autres que lui et à son insu, et, alors, il était naturel, ce me semble, qu'il m'en demandât l'explication. Il ne l'a pas fait, et l'on s'est contenté de tenir des propos aussi injustes qu'inconvenans, au capitaine E....., que j'avais envoyé au quartier général demander des ordres pour la nuit. Ce fut pour combattre ces propos, que je joignis à mon rapport le calque du croquis, et la copie littérale des ordres verbaux, dont j'ai parlé plus haut. Vous auriez eu donc une injustice de plus à réparer, si vous eussiez consigné dans votre ouvrage cette seconde anecdote. Je savais que j'étais le bouc émissaire du quartier-général de l'armée, et je n'en ignorais pas les causes; mais je n'ai jamais pu deviner celles qui ont fait aussi de moi la bête noire du quartier-général de la 1re division. Il n'y a, dit-on, qu'heur et malheur dans ce monde. Je me résigne donc à cette seconde disgrâce, dont je serais curieux pourtant de connaître les motifs ou les prétextes.

§ 9.

Je me propose de faire de cet article l'objet d'un mémoire particulier.

§ 10 et 11.

Lorsqu'on parlait devant vous et que vous parliez
vous-même, dans le jardin du Dey ou dans la maison de
campagne du consul d'Espagne, des prétendues déprédations qui avaient été commises à la Cassaubah et dans
la ville d'Alger, vous ne disiez point qu'un des principaux auteurs de ces bassesses était un *homme*, mais bien
le général un tel. Lorsque, plus tard, vous parliez à Paris
avec tant d'injustice et d'amertume de ce même *homme*,
vous articuliez sans réserve ni ménagement son nom et
sa qualité. Pourquoi donc, lorsqu'il s'est agi de réparer
la plus criante de toutes les injustices, vous n'avez plus
trouvé, dans votre égal, qu'*un homme*, dans l'acception
générale de ce mot qui sépare les animaux doués de
raison, de la brute! Mais vous éprouviez de la répugnance, peut-être, à démentir vos assertions antérieures.
Quand on a eu le malheur d'attaquer injustement l'honneur de quelqu'un, il faut, au moins, avoir le courage
d'avouer son tort; vous ne l'avez pas fait; aussi vous
êtes-vous attiré des observations acerbes, qui ont plus
coûté peut-être, à celui qui s'est trouvé dans la nécessité de les faire qu'à tout autre. Voilà tout ce que j'avais
à vous dire sur ce paragraphe. Que vous fassiez ou non
une seconde édition de vos Mémoires, je me soucierai
fort peu que vous m'y appeliez *un homme* ou *le général
un tel*. Il me suffit du témoignage de ma conscience, et
de l'estime des camarades, qui connaissent mes principes
et apprécient mon caractère.

§ 12.

C'est pour ne pas sortir de la ligne de modération,
dans laquelle je suis toujours resté, que je me suis con-

2.

tenté de qualifier d'*étranges* ou de *hasardés* les propos qu'il vous a plu de tenir sur mon compte à Paris ; et je vais vous le prouver.

Vous dites qu'un de mes plus anciens camarades et de mes meilleurs amis, vous ayant demandé ce que je faisais à Alger, vous lui répondites : *J'ai à m'en plaindre, ne m'en parlez pas.*

Il existe dans ce bas monde des hommes bouffis d'orgueil, qui se persuadent avoir droit de se plaindre de tous ceux qui n'ont pas la complaisance de se mettre à à genoux devant eux. Seriez-vous de ce nombre ? Au surplus, que vous en soyez ou non, je vous assure que cela m'est parfaitement égal.

Un autre jour, ajoutez-vous, ayant rencontré ce même officier-général dans la rue de l'Université, il vous parla encore de moi, et il se peut, dites-vous, vous n'en savez rien, que vous lui ayez répété une partie des accusations dont j'étais l'objet, mais bien certainement continuez-vous sans en affirmer aucune, car vous n'affirmez que ce dont vous êtes sûr.

Eh bien ! j'affirme, moi, et sans aucune crainte d'être démenti, que pendant votre premier séjour à Paris, en 1830 et 1831, vous étiez parfaitement sûr que ces accusations n'étaient que d'odieuses calomnies. Les pièces (B) ci-jointes le prouvent. Si donc, vous avez fait semblant d'oublier ce qui s'est passé à Alger le 1er septembre 1830, c'est que vous aviez probablement un intérêt que je ne me soucie guère de deviner pour me diffamer. Il a fallu que des Africains, plus probes et plus justes que certains Français, vinssent rendre une justice éclatante à l'intégrité d'un homme de bien dont on s'était efforcé de faire le pendant du déprédateur de la Sicile.

Mais passons à la fin de ce paragraphe de votre lettre.

En effet, reprenez-vous, il est possible que vous lui ayez dit qu'au quartier général on m'accusait de n'avoir pas fourni des travailleurs pour le siège, à l'heure donnée. Que vous ayez affirmé ou non ce mensonge, nous allons examiner si cette nouvelle calomnie inventée par les preux chevaliers de la Cassaubah, a le moindre fondement. Je dis les preux chevaliers, car, certes, vous n'avez pu recueillir ces bruits ni de la bouche du chef de l'état-major, ni de celle du commandant du génie ou du commandant de l'artillerie de l'armée, qui ne s'en sont jamais plaints.

Les troupes de la 2ᵉ division n'ont été réunies le 29 juin derrière les consulats d'Espagne et de Hollande, qu'à cinq heures du soir. Malgré les excessives fatigues qu'elles avaient endurées dans le courant de cette journée, elles ont fourni : 1º A six heures du soir pour l'occupation d'une ligne de maisons en avant et à gauche des consulats, d'où le général Valazé a reconnu le fort et le terrain des approches, les quatre compagnies d'élite du 49ᵉ de ligne ; 2º pour l'ouverture de la tranchée, dans la nuit du 29 au 30 juin, 900 hommes de garde, y compris les quatre compagnies d'élite du 49ᵉ, et 600 travailleurs. La 3ᵉ division s'étant trouvée aussi fatiguée que la 2ᵉ, s'était arrêtée sur le petit contrefort qui sépare les deux branches du ruisseau qui coule à l'est du jardin du dey, et n'a pu fournir qu'un bataillon du 35ᵉ de ligne. (Journal du siège du fort de l'Empereur, tenu par les officiers du génie.)

Si vous étiez curieux de savoir dans quel état se trouvaient les soldats qui remuaient une terre dure et schisteuse, ou étaient aux prises avec les Turcs pendant que vous respiriez l'air pur et frais de la *vigie*, le capitaine du génie de service va vous l'apprendre. Dans son rapport sur le travail de la tranchée, pendant la nuit du 29 au 30, cet officier dit : *L'infanterie étant arrivée à onze heures, elle a fait peu de chose ; ces hommes étaient exténués de fatigue, et n'avaient rien mangé de trente heures.* — Le capitaine de tranchée, *signé*, PARREL.

En effet, les 1re et 3e brigades de la 2e division, quittèrent le 28 au soir le camp de Staouéli, après avoir mangé la soupe ; à l'entrée de la nuit elles furent placées à 400 mètres environ, en arrière de la gauche de la brigade Hurel, avec défense d'allumer du feu pour ne pas donner l'éveil à l'ennemi. C'était ainsi qu'un premier ordre du général en chef l'avait prescrit. Mais, après neuf heures du soir, M. Maumet vint prendre ces troupes, et les conduisit sur un nouvel emplacement en avant du 28e de ligne, où l'on aurait à peine pu faire camper convenablement deux bataillons. Quoique le colonel de ce régiment se fût empressé de faire un mouvement en arrière et de déplacer les feux de ses cuisines, les troupes d'infanterie, d'artillerie et du génie de la 2e division ne purent former leurs faisceaux qu'à minuit. Avant trois heures elles reprirent les armes, et marchèrent en avant. Vous savez quel rude métier elles ont fait pendant la journée du 29. Elles ne sont arrivées à leur position du soir qu'à cinq heures. A six heures on commanda les hommes de garde et de travail ; ils n'ont pu conséquemment ni faire ni manger la soupe. Un chef juste, un compagnon d'armes bienveillant aurait apprécié les efforts de ces braves soldats, et rendu justice au dévoûment de leurs chefs, au lieu de déverser le blâme sur eux. Dans la nuit du 29 au 30, les travailleurs sont arrivés tard, je le sais, à la tranchée, mais la faute doit en être attribuée au chef d'état-major-général qui n'avait commandé ni officier-général de tranchée, ni major de tranchée, ni officier supérieur d'état-major de service à la tranchée. Dès que j'en fus informé, je chargeai le colonel Goutefrey du 21ᵉ de prendre le commandement des troupes de service à la tranchée; M. Lugnot, chef de bataillon du 21ᵉ, de remplir les fonctions de major de tranchée, et le chef de bataillon Aupick, de la 2ᵉ division, celles d'officier supérieur d'état-major de service. Dès ce moment, tout marcha sans encombre; mais la 2ᵉ division n'eut pas moins 27 sous-officiers et soldats tués cette nuit, et 155 blessés, dont 3 officiers.

Si, avant de publier vos commentaires, ou, au moins, de m'écrire votre lettre du 24 août, vous eussiez consulté les journaux du génie et de l'artillerie, ou seulement celui de la 2ᵉ division, qui est entre vos mains, vous eussiez éprouvé quelque répugnance à reproduire des calomnies, dont le temps et la vérité, quelque tardive qu'elle soit, ont déjà fait complètement justice.

Dans la journée du 30 juin, la 2ᵉ division fournit deux bataillons de garde et 700 travailleurs : c'était beaucoup trop pour 8 bataillons. Aussi, ai-je rendu compte au général en chef que les troupes sous mes ordres étaient 30 heures sur 48, de garde ou de travail. On me renforça alors de 3 bataillons de la brigade d'Uzer. Le 4ᵉ avait été laissé au camp retranché de *Sidi-Feruch*. Le 1ᵉʳ juillet, la 2ᵉ division envoya à la tranchée 2 bataillons de garde et 500 travailleurs. Ce fut dans le courant de cette journée que M. le chef de bataillon Lugnot fut confirmé par le général en chef, dans les fonctions de major de tranchée; mais il n'y eut pas encore d'officier-général de tranchée : un colonel de la 2ᵉ division continua d'en remplir les fonctions.

D'après une demande extraordinaire du génie, les travailleurs de la 2ᵉ division devaient s'élever au nombre
de 700 pour la nuit du 1ᵉʳ au 2 juillet. Mais l'état-major-
général ayant oublié de demander cette augmentation,
il n'en fut fourni que 500 comme de jour. Je trouve
dans le journal du siège, tenu par le corps du génie,
ce qui suit : *Malgré les précautions prises par le major
de tranchée, on n'a pu d'abord trouver que 500 travailleurs* commandés. *Enfin, vers minuit, on a conduit les
autres au dépôt de tranchée.* Le journal du chef d'état-
major de la 2ᵉ division, constate que 500 *travailleurs
de cette division furent d'abord commandés le 1ᵉʳ juillet
pour le travail de nuit, mais que le chef d'état-major-
général ayant demandé à neuf heures du soir un supplé-
ment de 200 hommes; ces derniers furent pris dans le 6ᵉ
de ligne, et ne purent sortir du camp qu'après dix heures
du soir.* On trouve de plus, dans le rapport de détail de
l'officier du génie de service à l'extrême gauche, que
*les travailleurs, le 1ᵉʳ juillet au soir sur la gauche, étaient
au nombre de 203 du 6ᵉ, lesquels n'étaient arrivés qu'à
onze heures; mais à minuit ils avaient été renforcés par
environ 500 hommes du 34ᵉ de ligne.* — Le capitaine du
génie de service, *signé*, DUVIVIER.

Ce sont probablement les 700 hommes de supplé-
ment que l'état-major-général avait omis de demander
aux deux divisions chargées du siège. Je suis d'autant
plus porté à le croire, que je lis dans un pamphlet que
M. Bartillat publia en 1831, ce qui suit : « Le général
« Valazé s'emporta de la manière la plus énergique con-
« tre le général Desprez. On lui avait promis 1,200 tra-
« vailleurs, il n'en trouva que 500; à peine était-on à
« couvert, et les nuits étaient si courtes, c'était exposer
« les plus braves gens du monde et les plus utiles. Le

« général Desprez fut à la tranchée, fournit 700 hommes
« de plus, on appela cela un malentendu, et on n'en
« parla pas davantage. »

Or, comment se fait-il, général, que vous qui avez si
souvent accueilli les clameurs, les calomnies, et jusqu'aux sarcasmes que les héros de la camarilla de M. de
Bourmont se plaisaient à lancer contre moi, vous né-
gligiez d'adopter leur opinion pour peu qu'elle me soit
favorable? car je ne doute nullement que Bayard-Bar-
tillat ne vous ait fait hommage de son ouvrage. Du
reste, à quoi tout cela a-t-il servi? à m'attirer quelques
disgrâces qui j'ai supportées avec résignation, parce
que je ne les ai pas méritées, et à relever à la fin ma
probité, mon dévoûment au service, et ma sollicitude
pour le bien-être du soldat.

Enfin, dans la nuit du 2 au 3 juillet, l'état-major-général
commanda un officier-général de tranchée, et dès-lors le
service des travaux du siège marcha avec ordre et célérité.

Je vous demande pardon, général, de vous avoir
entretenu si longuement de ce qui me concerne, mais
je ne pouvais pas laisser passer, sans réfutation, les assertions de votre lettre. Je n'aime pas non plus la *polémique personnelle,* et vous en serez convaincu lorsque
vous lirez le journal des opérations de la 2e division,
qui a été publié sous ma direction. Vous n'y trouverez
que des choses relatives au service des troupes qui la
composaient, et pas un mot qui puisse être pris en
mauvaise part par qui que ce soit, pas une expression
dont quelqu'un puisse raisonnablement se plaindre.

Cette lettre sera la dernière que vous recevrez de moi.

J'ai l'honneur d'être, monsieur le général, votre très
humble et très obéissant serviteur.

Signé, comte LOVERDO.

PIÈCES JUSTIFICATIVES.

(A)

Paris, le 1ᵉʳ septembre 1834.

A MM. Maumet et de Noël, officiers au corps d'état-major.

Une personne m'a écrit, le 24 août dernier, que le 19 juin 1830, « on rendit compte à M. de Bourmont que « le lieutenant-général commandant la 2ᵉ division, avait « refusé d'obéir à l'ordre que lui avait adressé le général « Desprez, et qu'au second ordre que lui envoya M. de « Bourmont, il (le commandant de la 2ᵉ division) avait « répondu qu'il commencerait son mouvement lorsqu'il « aurait pris son chocolat. »

Deux seuls officiers appartenant au quartier général de l'armée expéditionnaire, ont paru, dans la matinée du 19 juin, à la 2ᵉ division : vous êtes l'un de ces officiers. Vous avez trouvé le lieutenant-général qui la commandait sur les bords du ruisseau *el-Bagrass*. Je vous prie en conséquence de déclarer si c'est à vous que cet officier-général a répondu *qu'il ne commencerait le mouvement que le général en chef prescrivait que lorsqu'il aurait pris son chocolat.*

Signé, le comte LOVERDO.

Au lieutenant-général comte Loverdo.

Troyes, le 2 septembre 1834.

La lettre que vous m'avez fait l'honneur de m'écrire le 1er de ce mois, m'apprend que le 19 juin 1830 on rendit compte à M. de Bourmont que le lieutenant-général commandant la 2e division de l'armée d'Afrique, avait répondu *qu'il ne commencerait le mouvement que le général en chef prescrivait que lorsqu'il aurait pris son chocolat.*

Étant l'un des officiers qui furent envoyés vers vous dans cette journée, je m'empresse de déclarer, de la manière la plus formelle, que je n'ai reçu aucune réponse de ce genre, et que jusqu'au moment où votre lettre m'est parvenue, j'ignorais que ce propos vous avait été prêté.

Signé, EDMOND DE NOEL, capitaine d'état-major.

———————

Au même.

Saint-Omer, le 5 septembre 1834.

Je reçois à l'instant la lettre que vous m'avez fait l'honneur de m'écrire le 1er septembre courant, par laquelle vous me priez de déclarer si c'est à moi que vous avez répondu le 19 juin 1830, *que vous ne commenceriez le mouvement ordonné par le général en chef qu'après avoir pris votre chocolat.*

Je m'empresse de déclarer que telle n'est point la réponse que vous m'avez adressée lorsque je fus envoyé le 19 juin 1830, par M. le général Bourmont, pour vous porter l'ordre de faire appuyer, par une de vos brigades (la brigade Danremont), le mouvement de la division

Berthezène qui se portait en avant et qui se trouvait à votre gauche. Une réponse de la nature de celle qu'il paraît que l'on vous prête, serait assurément restée gravée dans mon souvenir si j'avais négligé de la consigner dans mes notes, et j'affirme que vous ne me l'avez point faite.

Signé, MAUMET, chef d'escadron d'état-major.

———

(B)

A M. le maréchal comte de Bourmont.

Alger, le 1er septembre 1830.

Les rangs et les grades disparaissent quand il s'agit de l'honneur. On a osé avancer qu'une corvée du 6e régiment a enlevé de la Cassaubah, par mon ordre, des effets précieux. Cette calomnie, qui a pris origine parmi vos commensaux, a été répandue à Paris par leurs correspondans, et même consignée dans quelques feuilles publiques, par les soins de vos secrétaires-journalistes.

Vous savez mieux que personne, que, le 5 juillet, je ne suis arrivé avec le 6e régiment à la Cassaubah, qu'après que vous-même et votre nombreux état-major en aviez pris possession; et que pendant le peu d'heures que j'y suis resté, je ne suis entré dans aucun appartément de cette résidence.

Quoi qu'il en soit, si j'ai eu la bassesse de déshonorer mes cheveux gris, que le sceau de l'infamie soit imprimé sur mon front; mais si les bruits qu'on s'est plu à répandre sur mon compte ne sont que d'odieuses calomnies, il faut que justice soit faite des calomniateurs.

Je demande, en conséquence, qu'avant que votre autorité cesse dans l'armée, il y soit fait une enquête

pour constater la vérité; que MM. les généraux Desprez,
Tholosé, Lahitte, Danremont, les officiers du 6ᵉ régiment, notamment ceux de voltigeurs; les officiers d'état-
major de la 2ᵉ division, et ceux du général Danremont
soient entendus, ainsi que M. Magliuolo, consul de
Naples, et MM. Benzamon, Solal, Durand, Hamdan,
habitans d'Alger, et M. Coste, interprète, attaché à l'armée. Ces derniers pourront donner des renseignemens
positifs sur la conduite que j'ai tenue envers *Ibrahim-
Aga*, dont j'occupe la maison dans cette ville.

Signé, comte LOVERDO.

Au général Loverdo.

Alger, le 1ᵉʳ septembre 1830.

J'avais bien entendu dire que vous aviez fait emporter
des effets de la Cassaubah, le 6 juillet, par une corvée du
6ᵉ régiment; mais je n'ai pas ouï dire que ce fussent des
objets *précieux*. Je savais d'ailleurs que ce ne pouvait
être des propriétés de l'État, puisqu'elles avaient été
mises sous le scellé.

J'ai été contrarié des bruits qui se sont répandus à ce
sujet, et je trouve naturel que vous desiriez ne pas laisser
le moindre prétexte à la calomnie, ni à la malveillance.

Je vous invite, en conséquence, à vouloir bien vous
rendre chez moi, aujourd'hui à trois heures après midi.
Je prie en même temps MM. les généraux Desprez, Tho-
lozé, Lahitte, Danremont, *Berthezène* et Achard, les
officiers de voltigeurs du 6ᵉ qui étaient de garde à la
Cassaubah, et les officiers d'état-major du général Danremont à se rendre chez moi à la même heure.

Je crois inutile d'appeler aujourd'hui M. le consul de

Naples, ni aucun des autres étrangers, dont je trouve les noms dans votre lettre. Ils pourront être entendus plus tard, si vous le jugez nécessaire.

Signé, Comte de Bourmont.

A M. le général en chef comte Clauzel.

Alger, le 3 septembre 1830.

Les saletés qu'on a débitées contre moi à Paris, ne sont parvenues à ma connaissance que le 29 du mois qui vient d'expirer. J'ai immédiatement écrit à M. de Bourmont la lettre ci-jointe (n° 1), à laquelle il fit la réponse (n° 2). Je me suis volontiers mis sur la sellette, et il est résulté de cette espèce d'enquête, que le 5 juillet dernier au soir, quatre voltigeurs du 6° de ligne ont aidé mes domestiques à monter, sous le corridor de l'ancienne demeure du dey, où j'ai passé la nuit, mes cantines de cuisine, ainsi que deux porte-manteaux contenant mon linge et mes habits ; et qu'un pareil nombre de soldats du même régiment ont également aidé à descendre, le 6 au matin, ces mêmes objets à la porte extérieure de la Cassaubah, où, sur ma demande, ils ont été visités par M. le général Tholosé, commandant la place d'Alger.

Quoiqu'il ne reste, dès-lors aucun doute sur la fausseté des bruits méchamment répandus sur mon compte, je ne suis pas moins intéressé à ce que toute la vérité soit connue, en ce qui me concerne. Je vous prie, en conséquence, d'ordonner que les autres personnes désignées dans ma lettre à M. de Bourmont, soient interrogées avant le départ des officiers de l'ancien quartier général de l'armée.

Signé, comte Loverdo.

Extrait de l'ouvrage de Sidi Hamdan-Ben-Othman, Khoja, traduit de l'Arabe (pag. 208).

« Les principaux de la ville d'Alger et les personnages de la cour qui ne résidaient pas à la Cassaubah, pour loger les officiers supérieurs de l'armée, ont mis leurs habitations à la disposition de ces derniers. Chacun avait son contingent. A ce sujet, je dirai que le général Loverdo, celui qui habitait la maison de l'aga *Ibrahim*, était vraiment un homme d'honneur ; son caractère était admirable et digne d'une grande nation. On l'avait rendu maître de cette habitation et de tout ce qu'elle renfermait, et nous devons nous empresser de dire que rien n'a été endommagé ni détourné. Non-seulement il n'a commis lui-même aucun dommage, mais encore il a empêché qu'il n'en fût commis par sa suite ou par qui que ce pût être. Ses prévenances sont dignes d'être appréciées, car, avant de quitter ce logement, il fit consigner à M. Saint-John, consul anglais et fondé de pouvoirs d'Ibrahim, tout ce qui avait été mis à son entière disposition. »

IMPRIMÉ CHEZ PAUL RENOUARD,

RUE GARANCIÈRE, N° 5.

Calque du Croquis

Tracé le 29 Juin 1830 vers 7 heures du matin, par M. B. Aide-de-camp de M. le G.ᵃˡ T.

Légende

A Position de la 2.ᵐᵉ Div.ⁿ à 5.½.ʰ du matin

B Position que la 2.ᵐᵉ Div.ⁿ a dû prendre à 6.ʰ du matin en conséquence de l'ordre du G.ᵃˡ en chef apporté par M. le G.ᵃˡ T.

C Maisons qu'occupaient les voltigeurs de la 2.ᵐᵉ Div.ⁿ à 5.ʰ du matin.

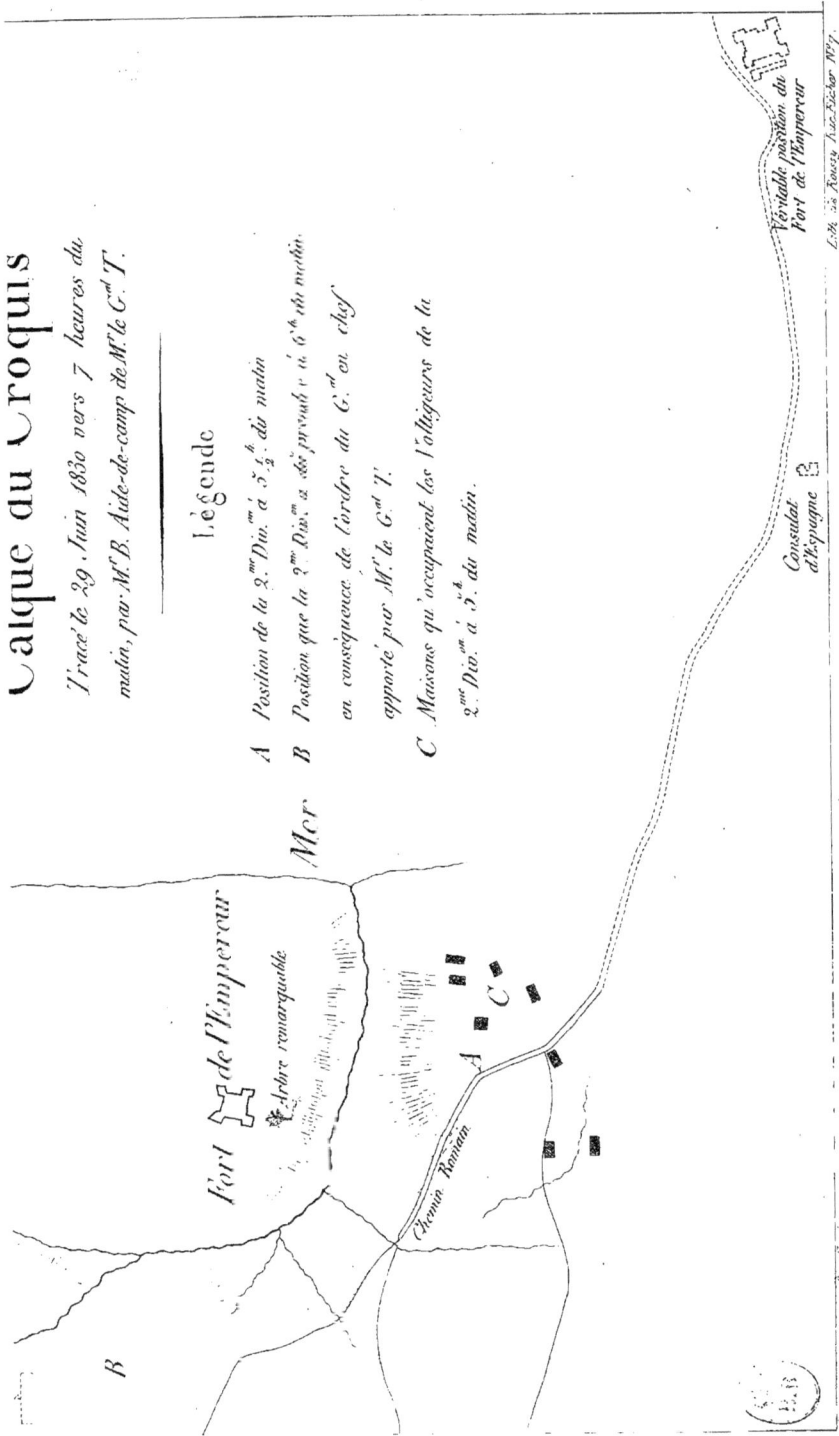

Mer

Fort de l'Empereur

Arbre remarquable

Chemin Romain

B

Consulat d'Espagne

Véritable position du Fort de l'Empereur

Lith. de Rozieu, Rue S. Fiacre Nᵒ 7.

www.ingramcontent.com/pod-product-compliance
Lightning Source LLC
Chambersburg PA
CBHW071007280326
41934CB00009B/2212